Novena à nossa irmã, a mãe Terra

Pe. Alberto Luna, SJ

Novena à nossa irmã, a mãe Terra

Inspirada no "Cântico das criaturas" de São Francisco

Ilustrações de Verónica Duarte Luna

Preparação: Carolina Rubira
Capa: Ronaldo Hideo Inoue
Diagramação: Telma Custódio

Edições Loyola Jesuítas
Rua 1822 nº 341 – Ipiranga
04216-000 São Paulo, SP
T 55 11 3385 8500/8501, 2063 4275
editorial@loyola.com.br
vendas@loyola.com.br
www.loyola.com.br

Todos os direitos reservados. Nenhuma parte desta obra pode ser reproduzida ou transmitida por qualquer forma e/ou quaisquer meios (eletrônico ou mecânico, incluindo fotocópia e gravação) ou arquivada em qualquer sistema ou banco de dados sem permissão escrita da Editora.

ISBN 978-65-5504-401-0

© EDIÇÕES LOYOLA, São Paulo, Brasil, 2024

108302

ESTA NOVENA CONSISTE EM UMA SIMPLES ORAÇÃO CONTEMPLATIVA E SENSÍVEL, DESENVOLVENDO-SE, CADA UM DOS DIAS, EM TRÊS MOMENTOS: 1º CONTEMPLAR E SENTIR, 2º AGRADECER E 3º FAZER UMA ALIANÇA. BUSCA-SE RECONHECER O VÍNCULO VITAL DA IRMANDADE QUE EXISTE ENTRE NÓS E CADA UM DOS SERES DA CRIAÇÃO, NUMA RELAÇÃO DE RECÍPROCO CUIDADO.

ESSE VÍNCULO IMPLICA CONSIDERAR O VALIOSO PAPEL DE CADA SER CRIADO NO CONJUNTO DA VIDA DO PLANETA. SUPÕE RECONHECER E RESPEITAR AS CARACTERÍSTICAS E DINAMISMOS PRÓPRIOS DE CADA SER, SEM REDUZI-LOS ÀS NOSSAS CATEGORIAS NEM INSTRUMENTALIZÁ-LOS COMO SE FÔSSEMOS SEUS DONOS ABSOLUTOS, BUSCANDO ESTABELECER UMA RELAÇÃO DE COMUNHÃO COMO PARTES DE UM TODO VIVO.

A NOVENA SEGUE, EM CADA DIA, A ORDEM EM QUE FRANCISCO DE ASSIS NOMEOU OS SERES DA CRIAÇÃO, LOUVANDO A DEUS E CANTANDO COM CADA UM. O NOME DA NOVENA SE JUSTIFICA PELO FATO DE QUE SÃO FRANCISCO CHAMA "IRMÃ" E "IRMÃO" A TODAS AS CRIATURAS, EXCETO A TERRA, A QUEM CHAMA "IRMÃ MÃE".

DIA 1: PELO IRMÃO SOL
DIA 2: PELA IRMÃ LUA E AS ESTRELAS
DIA 3: PELO IRMÃO VENTO E PELO AR
DIA 4: PELA IRMÃ NUVEM
DIA 5: PELO IRMÃO CÉU
DIA 6: PELA IRMÃ ÁGUA
DIA 7: PELO IRMÃO FOGO
DIA 8: PELOS IRMÃOS ERVAS, FLORES E FRUTOS
DIA 9: PELA IRMÃ, A MÃE TERRA

NA MEDIDA EM QUE FORMOS AVANÇANDO NA NOVENA, PODEREMOS PERCEBER COM MAIS FORÇA QUE SOMOS PARTE DE UM MARAVILHOSO ENREDO VITAL QUE NOS CONTÉM E NOS VIVIFICA. TOMAREMOS UMA CRESCENTE CONSCIÊNCIA DE QUE SOMOS PARTE DE UMA VIVA E CONSTANTE INTERAÇÃO E INTERDEPENDÊNCIA ENTRE TODOS E CADA UM DOS SERES DA CRIAÇÃO DE DEUS.

Padre Alberto Luna

DIA 1
Pelo irmão Sol

LOUVADO SEJAS, MEU SENHOR,
COM TODAS AS TUAS CRIATURAS,
ESPECIALMENTE O SENHOR IRMÃO SOL,
QUE CLAREIA O DIA
E QUE, COM A SUA LUZ, NOS ILUMINA.

Contemplar e sentir

NESTE DIA, PELA MANHÃ, SAUDAREI O IRMÃO SOL. ESTAREI DISPOSTO A RECEBER OS SEUS RAIOS E SENTIREI O SEU CALOR NO MEU CORPO. RECEBEREI A SUA LUZ E SEUS REFLEXOS AO MEU REDOR, SUAVES NA MANHÃ, INTENSOS AO MEIO-DIA E CÁLIDOS À TARDE. VOU ME DESPEDIR DELES AO PÔR DO SOL. QUE MENSAGEM ESSA EXPERIÊNCIA ME DEIXA?

Agradecer

SENHOR, OBRIGADO PELO IRMÃO SOL. AGRADEÇO POR SUA LUZ, POR SEUS AMANHECERES E ENTARDECERES COLORIDOS, POR SEU CALOR, POR SUA ENERGIA, POR SEU BRILHO ALEGRE NA MINHA PELE E POR SEU TRABALHO VITAL EM FAVOR DE TODAS AS PLANTAS QUE NOS RODEIAM. (POSSO ACRESCENTAR OUTRAS COISAS QUE SINTO NESTE MOMENTO OU FAZER ALGUM GESTO QUE AFLORE EM MIM.)

Fazer uma aliança

IRMÃO SOL, PRECISO DA TUA LUZ,
DA FORTALEZA QUE DÁS A MEU CORPO COM TUA ENERGIA VITAL.
PRECISO DO TEU CALOR MODERADO E ME COMPROMETO
A COLABORAR PARA FREAR O AQUECIMENTO QUE TORNA
INSUPORTÁVEL A NOSSA VIDA NO PLANETA.

DIA 2
Pela irmã Lua e as estrelas

LOUVADO SEJAS, MEU SENHOR,
PELA IRMÃ LUA E PELAS ESTRELAS
QUE NO CÉU FORMASTE,
CLARAS, PRECIOSAS E BELAS.

Contemplar e sentir

DURANTE ESTE DIA, PENSAREI NA IMENSIDÃO DO UNIVERSO, NOS INCONTÁVEIS ASTROS, PLANETAS, GALÁXIAS QUE NOS RODEIAM. SENTIREI MEU ESPAÇO, MEU CORPO, MINHA PESSOA, MINHA CASA, COMO PARTE DO COSMOS. DURANTE A NOITE, VOU CONTEMPLAR EM SILÊNCIO A IRMÃ LUA E AS ESTRELAS. O QUE, DO ESPAÇO, ELAS ME ENSINAM?

Agradecer

SENHOR, AGRADEÇO-TE PELO LUGAR QUE ME DÁS NO CONCERTO DO UNIVERSO. PELA IRMÃ LUA E PELA DANÇA DAS SUAS FASES. PELAS ESTRELAS E POR TODA A INABORDÁVEL ENERGIA CÓSMICA QUE NOS RODEIA EM HARMONIA E QUE NOS CONTÉM NESTE MARAVILHOSO PLANETA AZUL COM QUE NOS PRESENTEASTE DE FORMA TÃO AMOROSA. (POSSO ADICIONAR OUTRAS COISAS QUE SINTO NESTE MOMENTO OU FAZER ALGUM GESTO DE SAUDAÇÃO.)

Fazer uma aliança

IRMÃ LUA, O MAIS PRÓXIMO E AMÁVEL DOS ASTROS, QUE NOS RODEIAS CADA NOITE COM TUA LUZ, CONTRIBUINDO COM OS MOVIMENTOS DAS MARÉS E OS CICLOS DA NATUREZA. PRECISO DO TEU EQUILÍBRIO PARA ENTRAR EM COMUNHÃO COM AS ESTRELAS E PLANETAS NO CONCERTO VIVO DO COSMOS. PROPONHO-ME A NÃO TE VER COMO MATÉRIA INERTE, OBJETO OU ALVO DE CONQUISTAS MILITARES E DE INTERESSES COMERCIAIS.

DIA 3
Pelo irmão vento e pelo ar

LOUVADO SEJAS, MEU SENHOR,
PELO IRMÃO VENTO, PELO AR E PELAS NUVENS,
PELO ENTARDECER E POR TODO O TEMPO
COM QUE DÁS SUSTENTO ÀS TUAS CRIATURAS.

Contemplar e sentir

PELA MANHÃ, SAIREI RESPIRANDO AR FRESCO. DURANTE TODO O DIA, SENTIREI O IRMÃO VENTO E O AR ENTRANDO E SAINDO ATRAVÉS DO MEU NARIZ E DOS MEUS PULMÕES. VOU SENTIR A BRISA NO MEU ROSTO, CONTEMPLAREI O BAILE DO VENTO COM AS FOLHAS E RAMAS. QUE ENSINAMENTOS ME DÃO O AR E O VENTO?

Agradecer

SENHOR, AGRADEÇO-TE PELO IRMÃO VENTO QUE REFRESCA OS AMANHECERES E ENTARDECERES, PORQUE, EM SUAS CORRENTES, MOVE AS NUVENS, LIMPA O AMBIENTE, TRAZ O OXIGÊNIO DAS FLORESTAS E NOS PRESENTEIA COM O AR QUE RESPIRAMOS. (POSSO ADICIONAR OUTRAS COISAS QUE SINTO NESTE MOMENTO OU FAZER ALGUM GESTO QUE ME OCORRA.)

Fazer uma aliança

IRMÃO VENTO, CONTAMOS CONTIGO PARA RENOVAR O AR QUE RESPIRAMOS, NÓS PRECISAMOS DE TI PARA OXIGENAR DESDE OS PULMÕES AO SANGUE QUE NOS MANTÉM VIVOS. COMPROMETO-ME A CUIDAR DAS PLANTAS, A DEFENDER AS FLORESTAS QUE RENOVAM O OXIGÊNIO E A ME ESFORÇAR EM REDUZIR AO MÍNIMO A EMISSÃO DE CONTAMINANTES DO AR QUE PREJUDICAM A QUALIDADE DAS NOSSAS VIDAS SOBRE A TERRA.

DIA 4
Pela irmã nuvem

LOUVADO SEJAS, MEU SENHOR,
PELO IRMÃO VENTO, PELO AR E PELAS NUVENS,
PELO ENTARDECER E POR TODO O TEMPO
COM QUE DÁS SUSTENTO ÀS TUAS CRIATURAS.

Contemplar e sentir

DURANTE O DIA, VOU OLHAR O ORVALHO QUE FICOU NAS FOLHAS, VOU SENTIR O VAPOR QUE SOBE NO MEU ROSTO EMANADO PELAS BEBIDAS E COMIDAS QUENTES, VOU PERCEBER A UMIDADE DO AMBIENTE, A UMIDADE DO MEU HÁLITO QUE EMBAÇA OS VIDROS. BUSCAREI AS NUVENS BRANCAS OU CINZAS EM VARIADAS FORMAS, MEXENDO-SE NO CÉU CARREGADAS DE CHUVA. O QUE ME ENSINAM AS NUVENS?

Agradecer

SENHOR, AGRADEÇO-TE PELO VAPOR, PELA NEBLINA E PELO ORVALHO QUE MANTÊM A UMIDADE DO AMBIENTE EM QUE VIVEMOS. PELA IRMÃ NUVEM QUE GUARDA A NEVE E TAMBÉM A CHUVA QUE REFRESCA E REGA A TERRA, FERTILIZA OS CAMPOS, ALIMENTA O CURSO DAS ÁGUAS E LIMPA O AR. (POSSO DIZER OUTRAS COISAS QUE SINTO NESTE MOMENTO OU FAZER ALGUM GESTO ESPONTÂNEO.)

Fazer uma aliança

IRMÃ NUVEM, CONTO COM A CHUVA, O ORVALHO E A NEBLINA ÚMIDA COM QUE REGAS A TERRA E ENCHES O CURSO DOS RIOS E CÓRREGOS. QUERO COLABORAR PARA QUE TODOS TENHAM ACESSO À ÁGUA QUE NOS DÁS PARA BEBER, PARA A HIGIENE, PARA A COMIDA E PARA A IRRIGAÇÃO. COMPROMETO-ME A PRESERVAR A VEGETAÇÃO, A REGENERAR O QUE FOI DESMATADO E A FREAR A DESERTIFICAÇÃO QUE AMEAÇA A MUITOS.

DIA 5
Pelo irmão céu

LOUVADO SEJAS, MEU SENHOR,
PELO IRMÃO VENTO, PELO AR E PELAS NUVENS,
PELO ENTARDECER E POR TODO O TEMPO
COM QUE DÁS SUSTENTO ÀS TUAS CRIATURAS.

Contemplar e sentir

NO DECORRER DESTE DIA, CONTEMPLAREI POR ALGUNS MOMENTOS O IRMÃO CÉU. DEIXAREI QUE O AZUL DO CÉU ENTRE NOS MEUS OLHOS. COMO ELE ME LEVA AO MEU EU MAIS PROFUNDO? SENTIREI NO MEU CORPO O CLIMA E AS DIFERENÇAS DE TEMPERATURA EM DIFERENTES HORAS E LUGARES POR ONDE EU PASSAR.

Agradecer

SENHOR, AGRADEÇO-TE PELO IRMÃO CÉU, POR ESSE MANTO TRANSPARENTE E MARAVILHOSO COMO UM TOLDO DE VÁRIAS CAMADAS, QUE NOS CONTÉM E NOS RODEIA REGULANDO O CLIMA. OBRIGADO PELA ATMOSFERA VITAL QUE NOS ABRAÇA E PROTEGE A TODOS OS SERES VIVOS DO PLANETA, COMO O TETO DA NOSSA CASA COMUM. (POSSO DIZER OUTRAS COISAS QUE SINTO NESTE MOMENTO OU FAZER ALGUM GESTO QUE ME OCORRA.)

Fazer uma aliança

IRMÃO CÉU, PRECISO DE TI, COM O TEU ESCUDO ATMOSFÉRICO DE OZÔNIO, PARA NOS PROTEGER DOS RAIOS ULTRAVIOLETA E REGULAR OS CICLOS DA ÁGUA E A TEMPERATURA. COMPROMETO-ME A CUIDAR DE TI COMO DA MINHA PRÓPRIA CASA: REDUZIR A CONTAMINAÇÃO AMBIENTAL NA MINHA FAMÍLIA E NA MINHA COMUNIDADE, PARA QUE ENFRENTEMOS JUNTOS A MUDANÇA CLIMÁTICA QUE ALTERA A BIODIVERSIDADE DO PLANETA.

DIA 6
Pela irmã água

LOUVADO SEJAS, MEU SENHOR,
PELA IRMÃ ÁGUA,
ÚTIL E HUMILDE, PRECIOSA E PURA.

Contemplar e sentir

DURANTE ESTE DIA, SENTIREI O FRESCOR DA IRMÃ ÁGUA AO LAVAR O MEU ROSTO, AO BEBER, AO TOMAR BANHO, AO REGAR AS PLANTAS, AO LAVAR A CASA, A LOUÇA. CONTEMPLAREI SUA SIMPLICIDADE, SUA CLAREZA E SUA TRANSPARÊNCIA QUE ME ACARICIAM. QUE APRENDIZAGEM ME DEIXA MINHA IRMÃ ÁGUA?

Agradecer

SENHOR, AGRADEÇO-TE PELA IRMÃ ÁGUA, PELA SUA LIMPIDEZ E FRESCOR,
QUE ME ALIVIA E ALENTA, QUE SACIA MINHA SEDE E FLUI NO MEU
CORPO COMO FLUI ALEGREMENTE NOS CÓRREGOS, RIOS E MARES.
(POSSO DIZER OUTRAS COISAS QUE SINTO NESTE MOMENTO
OU FAZER ALGUM GESTO ESPONTÂNEO.)

Fazer uma aliança

IRMÃ ÁGUA, PRECISAMOS DE TI PARA SACIAR A NOSSA SEDE, PARA ESTARMOS LIMPOS E SADIOS, PARA DAR VIDA AOS PEIXES E FAZER CRESCER AS PLANTAS QUE NOS ALIMENTAM. COMPROMETO-ME A NÃO TE DESPERDIÇAR, NEM TE CONTAMINAR COM RESÍDUOS QUE INVADAM OS RIOS E O MAR. PROPONHO-ME A CUIDAR DE TI E A TE DEFENDER COMO UM DIREITO VITAL DE TODAS AS PESSOAS E COMUNIDADES.

DIA 7
Pelo irmão fogo

LOUVADO SEJAS, MEU SENHOR, PELO IRMÃO FOGO,
COM O QUAL ILUMINAS A NOITE.
ELE É BELO E ALEGRE, VIGOROSO E FORTE.

Contemplar e sentir

DURANTE ESTE DIA, DESDE O CAFÉ DA MANHÃ, SENTIREI O CALOR DAS COMIDAS E BEBIDAS PREPARADAS COM O IRMÃO FOGO. TOCAREI OS METAIS E OS OBJETOS QUE FORAM MOLDADOS COM O SEU CALOR. SENTIREI A POTÊNCIA DOS MOTORES QUE ME TRAZEM DOS LUGARES E ME LEVAM PARA ELES. CONTEMPLAREI A LUZ DE UMA VELA. O QUE ME SUGERE A ENERGIA, O CALOR, A FORÇA E A LUZ QUE O FOGO GERA?

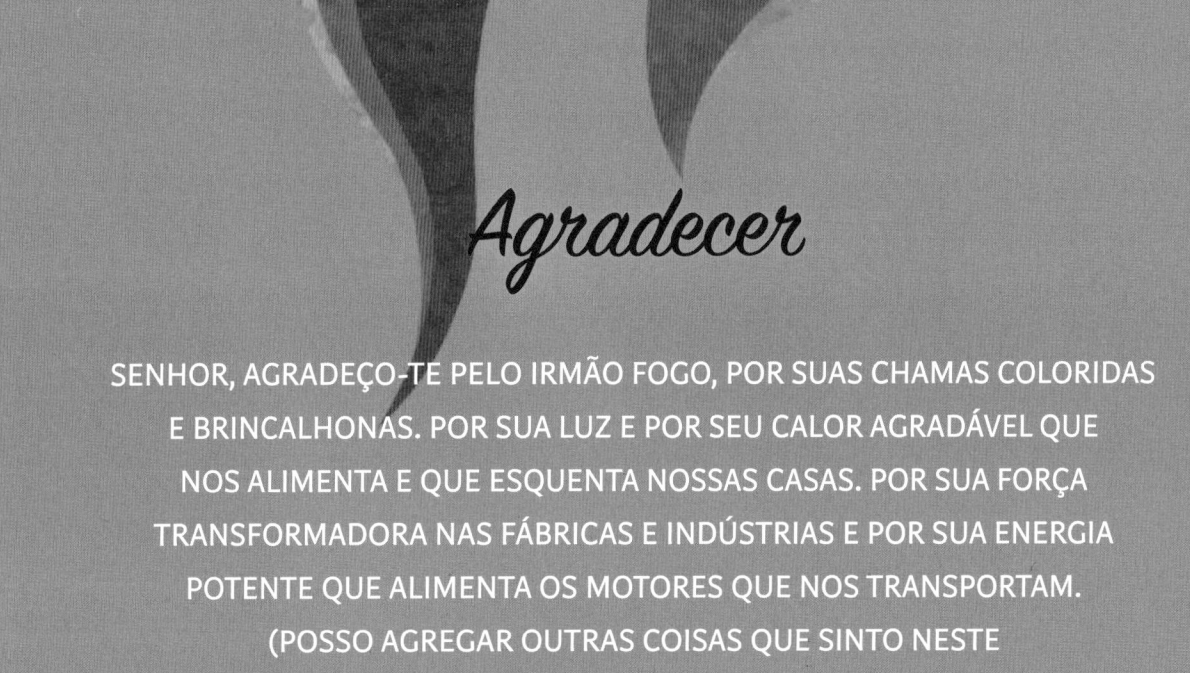

Agradecer

SENHOR, AGRADEÇO-TE PELO IRMÃO FOGO, POR SUAS CHAMAS COLORIDAS E BRINCALHONAS. POR SUA LUZ E POR SEU CALOR AGRADÁVEL QUE NOS ALIMENTA E QUE ESQUENTA NOSSAS CASAS. POR SUA FORÇA TRANSFORMADORA NAS FÁBRICAS E INDÚSTRIAS E POR SUA ENERGIA POTENTE QUE ALIMENTA OS MOTORES QUE NOS TRANSPORTAM. (POSSO AGREGAR OUTRAS COISAS QUE SINTO NESTE MOMENTO OU FAZER ALGUM GESTO ESPONTÂNEO.)

Fazer uma aliança

IRMÃO FOGO, PRECISO DA FORÇA E DO CALOR DAS TUAS CHAMAS. COMPROMETO-ME A TE UTILIZAR COM CUIDADO E A EVITAR A QUEIMA DAS FLORESTAS E DOS RESÍDUOS SÓLIDOS. PROPONHO-ME A APOIAR O USO DE ENERGIAS ALTERNATIVAS E SUSTENTÁVEIS PARA O TRANSPORTE E A PRESSIONAR OS GOVERNANTES PARA QUE CESSEM COM AS EMISSÕES INDUSTRIAIS DE CARBONO QUE ACELERAM O AQUECIMENTO GLOBAL.

DIA 8
Pelos irmãos ervas, flores e frutos

LOUVADO SEJAS, MEU SENHOR,
PELA NOSSA IRMÃ, A MÃE TERRA,
QUE NOS SUSTENTA E NOS GOVERNA,
PRODUZ FRUTOS DIVERSOS,
COLORIDAS FLORES E ERVAS.

Contemplar e sentir

NO TRANSCORRER DESTE DIA, VOU SENTIR LENTAMENTE O GOSTO DO CAFÉ, DO CHÁ, DAS FRUTAS, DAS VERDURAS, DAS RAÍZES E DOS LEGUMES; VOU CHEIRAR AS FLORES. CONTEMPLAREI AS ERVAS E PLANTAS PRESENTES EM MINHA CASA, NA VIZINHANÇA E NOS JARDINS. OLHAREI AS ÁRVORES COM FRUTAS E FLORES, OBSERVAREI AS AVES E INSETOS QUE ELAS ACOLHEM EM SUAS COPAS. OLHAREI A MADEIRA UTILIZADA NOS MÓVEIS, NAS PORTAS, NO TETO DA MINHA CASA. O QUE EU APRENDO COM AS PLANTAS?

Agradecer

SENHOR, AGRADEÇO-TE PELOS ARBUSTOS, ÁRVORES E ERVAS. PELAS SUAS FOLHAS QUE RENOVAM O OXIGÊNIO, PELAS SUAS FLORES, PELO MEL DAS ABELHAS. PELOS FRUTOS DE DIVERSAS CORES E SABORES, PELAS SEMENTES, PELA MADEIRA, PELA SOMBRA. OBRIGADO PELAS FLORESTAS, CAMPOS E PRADOS, PELO TRABALHO DOS AGRICULTORES QUE SEMEIAM NOSSOS ALIMENTOS.
(POSSO AGREGAR OUTRAS COISAS QUE SINTO NESTE MOMENTO OU FAZER ALGUM GESTO ESPONTÂNEO.)

Fazer uma aliança

IRMÃOS FRUTOS, IRMÃS FLORES, ERVAS E ÁRVORES,
PRECISAMOS DAS TUAS FOLHAS PARA A PURIFICAÇÃO DO AR.
NECESSITAMOS DO ALIMENTO E DOS REMÉDIOS QUE NOS FORNECEM.
COMPROMETO-ME A RECICLAR OS DETRITOS ORGÂNICOS DE MINHA
CASA, A PROMOVER O CONSUMO DE ALIMENTOS QUE NÃO FEREM
O MEIO AMBIENTE. PROPONHO-ME A APOIAR AS COMUNIDADES
INDÍGENAS QUE VIVEM NAS FLORESTAS SEM DESTRUÍ-LAS.

DIA 9
Pela irmã, a mãe Terra

LOUVADO SEJAS, MEU SENHOR,
PELA NOSSA IRMÃ, A MÃE TERRA,
QUE NOS SUSTENTA E NOS GOVERNA,
PRODUZ FRUTOS DIVERSOS,
COLORIDAS FLORES E ERVAS.

Contemplar e sentir

DURANTE ESTE DIA, AO SENTIR MEU PESO SOBRE O SOLO E AO PERCEBER COMO A TERRA ATRAI O MEU CORPO, PERGUNTO-ME: O QUE RESSOA NO MEU CORAÇÃO? CONTEMPLAREI A TERRA NO QUINTAL, NA RUA... TOCAREI A AREIA, A ARGILA, O BARRO, AS ROCHAS. OLHAREI AS CONSTRUÇÕES SOBRE O SOLO. ADMIRAREI A DIVERSIDADE DA VIDA QUE BROTA E SE MOVE DEBAIXO E EM CIMA DA TERRA. VOU ME SENTIR PARTE DE UMA ÚNICA TERRA, DE UM ÚNICO PLANETA QUE PERTENCE A TODOS. QUE LIÇÕES ME DEIXA NOSSA IRMÃ, A MÃE TERRA?

Agradecer

BENDITO SEJAS, SENHOR, DESDE O DESERTO DE AREIAS ATÉ AS SELVAS, DESDE O FUNDO DOS MARES ATÉ AS PEDRAS DAS MONTANHAS NEVADAS. EU TE AGRADEÇO PELA FECUNDIDADE QUE DESTES À NOSSA IRMÃ, A MÃE TERRA, LUGAR DA VIDA EM TODA A SUA IMENSIDÃO, LAR DE TUAS FILHAS E DE TEUS FILHOS. GIRANDO, SILENCIOSAMENTE, MARCA AS ESTAÇÕES, ENVIA-NOS O SONO À NOITE E NOS DESPERTA PARA AS TAREFAS DO DIA, A TODOS IGUALMENTE.

Fazer uma aliança

IRMÃ, MÃE TERRA, GENEROSA E FECUNDA, MESTRA DOS CICLOS DA NOSSA VIDA. QUERO TE DIGNIFICAR E CUIDAR DE TI, APRENDER JUNTAMENTE COM MEUS IRMÃOS E IRMÃS A RESPEITAR O LIMITE DOS TEUS RECURSOS NATURAIS E A REGENERAR O QUE FOI DANIFICADO PELA AMBIÇÃO DESMEDIDA. NEGO-ME A TE VER APENAS COMO MOTIVO DE CONQUISTAS, DE POSSE EXCLUSIVA E DE LUCRO. COMPROMETO-ME A ESFORÇAR-ME PARA QUE SEJAS LUGAR DE ENCONTRO E IRMANDADE UNIVERSAL, ONDE TODOS POSSAM VIVER COM DIGNIDADE.

CÂNTICO DAS CRIATURAS
Francisco de Assis[1]

ALTÍSSIMO, ONIPOTENTE E BOM SENHOR!
TEUS SÃO O LOUVOR, A GLÓRIA, A HONRA E A BÊNÇÃO.

LOUVADO SEJAS, MEU SENHOR, COM TODAS AS TUAS CRIATURAS,
ESPECIALMENTE O SENHOR IRMÃO SOL, QUE CLAREIA O DIA
E QUE, COM A SUA LUZ, NOS ILUMINA.
ELE É BELO E RADIANTE, COM GRANDE ESPLENDOR;
DE TI, ALTÍSSIMO, É A IMAGEM.
LOUVADO SEJAS, MEU SENHOR, PELA IRMÃ LUA E PELAS ESTRELAS
QUE NO CÉU FORMASTE, CLARAS, PRECIOSAS E BELAS.

---

1. Adaptado do português europeu para o português brasileiro. Disponível em: https://aciportugal.org/2015/12/cantico-da-criaturas-de-sao-francisco-de-assis/. Acesso em: 17 jul. 2024. [N. da R.]

LOUVADO SEJAS, MEU SENHOR, PELO IRMÃO VENTO,
PELO AR E PELAS NUVENS, PELO ENTARDECER
E POR TODO O TEMPO COM QUE DÁS SUSTENTO ÀS TUAS CRIATURAS.
LOUVADO SEJAS, MEU SENHOR, PELA IRMÃ ÁGUA,
ÚTIL E HUMILDE, PRECIOSA E PURA.

LOUVADO SEJAS, MEU SENHOR, PELO IRMÃO FOGO, COM O QUAL
ILUMINAS A NOITE. ELE É BELO E ALEGRE, VIGOROSO E FORTE.

LOUVADO SEJAS, MEU SENHOR, PELA NOSSA IRMÃ, A MÃE TERRA,
QUE NOS SUSTENTA E NOS GOVERNA. PRODUZ FRUTOS DIVERSOS,
COLORIDAS FLORES E ERVAS.

LOUVADO SEJAS, MEU SENHOR, PELOS QUE PERDOAM PELO TEU
AMOR E SUPORTAM AS DOENÇAS E TRIBULAÇÕES.
LOUVAI, TODOS, E BENDIZEI AO MEU SENHOR,
DAI-LHE GRAÇAS E SERVI-O COM GRANDE HUMILDADE.